AF258613

Bibliothèque de L'HARMONIE SOCIALE

SOCIALISME

ET

SEXUALISME

PROGRAMME DU PARTI SOCIALISTE FÉMININ

PARIS

TYPOGRAPHIE A.-M. BEAUDELOT

16, RUE DE VERNEUIL, 16

1893

SOCIALISME

ET SEXUALISME

Programme du Parti Socialiste Féminin

SOCIALISME ET SEXUALISME

PROGRAMME DU PARTI SOCIALISTE FÉMININ

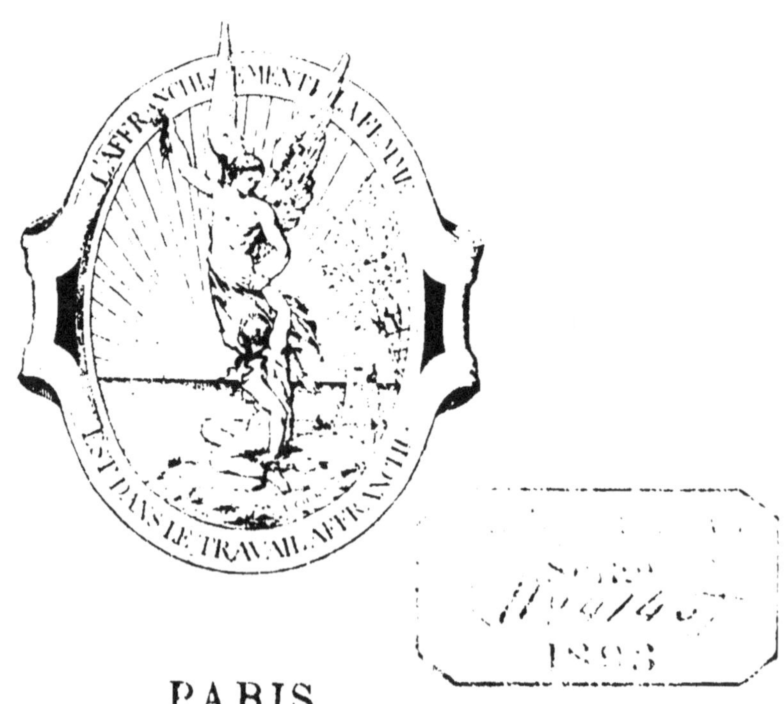

PARIS

TYPOGRAPHIE A.-M. BEAUDELOT

16, RUE DE VERNEUIL, 16

1893

PRÉFACE

Un parti, comme un individu, ne réussit à s'imposer que lorsqu'il est parvenu à la *conscience de soi*.

Si, en 1789, le Tiers-Etat a été victorieux, c'est parce qu'au prix d'un long siècle de souffrances, au prix du plus rude labeur, il était parvenu à cette *conscience de soi*. En témoignent, ses *cahiers*.

De même, aujourd'hui, le Quart-Etat, au fur et à mesure qu'il se développe, travaille et lutte, acquiert cette *conscience de soi* et fait, ainsi, chaque jour, plus sûre et plus proche, l'heure de sa délivrance, c'est-à-dire celle de son triomphe.

Les femmes, dans leur généralité, ont plus longtemps gardé les yeux fermés sur l'assujettissement dont elles ont été et sont encore les victimes. Elles y ont été aidées par cette automatique faculté de soumission à l'homme, née, peu à peu, de leur première forme de servitude, — la servitude physiologique, — et entretenue ensuite par la dépendance économique dans laquelle l'élément féminin s'est fatalement trouvé vis-à-vis de l'élément masculin; elles y ont été **aidées encore** par l'esprit religieux qui a su si bien modeler leur cerveau et leur cœur, que la sainte résignation est devenue leur unique credo, en ce qui concerne les choses *d'ici-bas*, et que tous leurs efforts, comme toutes leurs espérances, n'ont plus visé que la vie *extra-terrestre*; elles y ont été aidées, enfin, par le faux culte de la galanterie — nous n'osons dire d'amour — qui, en France surtout et depuis le moyen-âge, régit les rapports de sexe à sexe.

Comme l'a dit Bebel, « la femme est le premier être humain qui ait eu à éprouver la servitude. Elle a été esclave avant même que « l'esclave soit ». Pareillement, la femme aura été le dernier être humain qui l'aura subie, cette servitude. Elle aura été esclave après même que « l'esclave » fût.

Et comment en aurait-il pu être autrement? Il faut sentir une chaîne pour essayer de la briser, il faut souffrir d'un mal pour tenter d'y remédier. Or, — et c'est encore Bebel qui le constate — « le sexe féminin constamment opprimé et élevé par l'autre d'après un système spécial, s'est si bien assimulé les idées de son maitre qu'il trouve cette situation tout à fait rationnelle et dans l'ordre ». Et, en effet, à cette heure encore, où tout s'éclaire du lumineux flambeau de la science, où le cri d'angoisse de celle-ci ou le long martyr de celle-là ne peuvent plus demeurer étouffés ou ignorés, le très grand nombre, parmi les femmes, trouve que

« tout est pour le mieux dans le meilleur des mondes ». L'esprit féminin a même été si complètement suggestionné que, la plupart du temps, il se refuse à voir, *ce qui est*. Le fait, pour cette raison, qu'il est *réel*, n'intéresse pas. En revanche, *l'irréel* entraîne et subjugue.

Ce qui est, c'est que la femme n'est ni plus ni moins qu'une *prolétaire*.

La femme, une prolétaire? Cela étonne.

C'est qu'on n'a jamais pris la peine de rechercher la signification précise du mot.

Qui dit prolétaire, pour la plupart, dit individu faisant partie de la dernière classe de la Société, rien de plus.

Il y a de cela, dans la signification du mot, à son origine. Ce n'est pas tout, pourtant.

Et, en effet, le mot prolétaire ou mieux *proletarii* désignait, originairement, les membres de la sixième ou dernière classe de la Société romaine, c'est-à-dire ceux qui ne possédaient pas au delà de 11.000 as, c'est-à-dire ceux-là aussi auxquels cette société romaine à qui il fallait, pour ses conquêtes lointaines, des hommes et toujours des hommes, ne demandait que la race, *prolem*.

Les prolétaires étaient donc, au début, en même temps que la classe productrice, la classe sacrifiée. Et tels ils étaient, tels ils sont restés; seulement, on ne leur demande plus de nos jours *de la race*, on réclame d'eux le produit inerte, la chose.

Or, comme les prolétaires ont été, de tout temps, la classe qui produit, le sexe féminin a été, de tout temps, le sexe qui produit et comme la classe qui produit a été la classe sacrifiée, le sexe qui produit, a été le sexe sacrifié.

On ne s'est pas plus demandé ce que deviendraient les autres classes sans cette production, jour à jour, de la classe prolétarienne qu'on ne s'est demandé ce que deviendrait l'espèce

sans la production continue du sexe
féminin. Cette double question posée,
il eût fallu la résoudre, et, la résoudre
c'eût été conclure au plus grand avantage de la classe, comme du sexe producteur; il eût fallu reconnaître que
l'une et l'autre donnaient tout d'eux-
mêmes à la Société qui se montrait, à
leur endroit, d'autant moins secoura-
ble qu'ils donnaient davantage; il
eût fallu convenir que l'utilité sociale
de l'un comme de l'autre était aussi
considérable que méconnue, et, affir-
mer cette injustice séculaire, c'était
déjà travailler à la détruire.

La femme, à laquelle la société demande la race, *prolem*, et à laquelle, en
retour, elle ne donne rien, est, par ce
fait, une prolétaire, au même titre que
l'homme auquel la société demande le
produit qui doit assurer son existence
et son bien-être et qu'elle ne paye
que la moitié au plus de sa valeur.

Bien mieux, la femme est, aujour-
d'hui, deux fois prolétaire : elle l'est

de par son sexe comme productrice d'humanité ; elle l'est et le devient tous les jours davantage de par sa qualité de producteur qui lui assure le pain quotidien. Et comme elle est deux fois prolétaire, elle a une double lutte à soutenir, la lutte pour l'affranchissement du travail avec ses frères de labeur, les prolétaires, la lutte pour l'affranchissement de son sexe, avec ses sœurs opprimées, ces autres prolétaires.

Ce parallélisme entre la situation de la femme et du pauvre ou, si l'on préfère, de la femme et du prolétaire, a été, pour la première fois, et de façon fort originale mis en relief par l'auteur du « Que faire ? » (1).

Les héros du roman, Lopoukoff et Véra Pavlovna, causent en dansant:

— Nous sommes donc si à plaindre? fait Véra Pavlovna à Lopoukoff.

— Ah! Certes. Tenez! Vous êtes

____

(1) N.-G. Tchernychewsky.

femme. Voulez-vous que je vous dise le désir qui est au plus profond de votre être ?

— Dites, dites.

— Voici : Ah ! Que je voudrais être homme ! Je n'ai jamais rencontré de femme qui n'eût au fond d'elle ce désir. Et comment en pourrait-il être autrement ? Les faits sont là, froissant, broyant, à toute heure, la femme parce qu'elle est femme. Aussi, lui suffit-il de se trouver aux prises avec la vie pour avoir aussitôt occasion de s'écrier : *Pauvres êtres que nous sommes ! quel malheur d'être femme !* ou bien : *ce n'est pas la même chose pour l'homme que pour la femme,* ou simplement : *ah ! pourquoi ne suis-je pas un homme !*

Véra Pavlovna sourit :

— C'est vrai, toutes les femmes disent ces choses.

— Jugez donc à quel point les femmes sont à plaindre, puisque, *si le désir intime de chacune se réalisait, il ne resterait plus au monde une seule femme.*

— En effet, c'est ainsi, fit Vérotchka.

— Pareillement, il ne resterait pas un pauvre si le désir intime de chaque pauvre se réalisait. Les femmes sont donc à plaindre, autant que les pauvres, puisqu'eux et elles ont un désir commun.

Plus la femme atteindra à la conscience de soi et plus elle comprendra ce qu'il y a de vérité amère dans ces simples lignes.

SOCIALISME

ET SEXUALISME

En associant étroitement ces deux mots, nous voulons unir et confondre momentanément la lutte des classes et la lutte des sexes, la question sociale et la question sexuelle, la doctrine socialiste et la doctrine sexualiste; — montrer que par leur fond commun les deux questions n'en font qu'une, et que c'est la solution économique qui fixera les conditions absolues de l'émancipation humaine dans sa forme sociale et dans sa forme sexuelle.

Nous ne nous dissimulons pas que l'idée de sexualisme et de question sexuelle n'est pas très profondément entrée dans les préoccupations du public, et que de sitôt notre appel ne sera entendu. Nous y trouvons l'avantage si appréciable de définir par avance une doctrine et une évolution, en posant des termes que ni les préjugés, ni l'indifférence, n'auront pu faire dévier du sens que nous leur attribuons. Nous nous sentons en terre vierge et la route que nous prétendons tracer n'en croisera pas d'autres.

La presse aux gages de la bourgeoisie a laissé celle-ci, — confiante, parce qu'elle se croit éternelle, — dans une ignorance profonde de ce que sont la question sociale et la lutte des classes, la révolution sociale et le socialisme. Nous estimons que le mal n'est pas grand, et que la société bourgeoise peut sans inconvénient disparaître sans apprendre elle-même pourquoi, et de quel côté aura soufflé le vent qui l'effacera. Il est aujourd'hui de plus en plus vraisemblable qu'elle se dissipera dans l'inconscience de ses dangers, et qu'elle roulera sans le savoir dans la fosse qu'elle s'est elle-même creusée.

Aussi notre pensée va-t-elle au-dessus de cette vieille société minée, au delà de cette caste qui n'aura pas vécu son siècle entier, vers les héritiers de la bourgeoisie, vers la cohue travailleuse et sans nom, vers la féconde misère et la production dépossédée, vers tous ceux-là qui ont entrepris l'œuvre sociale géante, la révolution ouvrière. Et à ceux-là, sûrs d'être compris, nous parlerons de la question sexuelle avec la question sociale, à ceux-là nous révélerons la lutte des sexes mêlée à la lutte des classes, sur leur révolution sociale nous grefferons notre révolution sexuelle, — notre sexualisme complétant notre socialisme.

Au travail meurtrier de l'ouvrier nous comparerons le travail de l'ouvrière, au moins aussi néfaste, mais moins terrible cependant dans ses effets que le travail de la maternité.

A l'ouvrier dépossédé de l'œuvre sortie de ses mains nous opposerons l'ouvrière encore plus exploitée, — mais moins dépossédée encore comme travailleuse que comme mère.

Au salaire masculin déjà insuffisant nous rapporterons le salaire féminin, toujours moindre, avec ou sans l'apport de la prostitution.

De l'asservissement économique et politique de l'ouvrier nous rapprocherons l'asservissement économique, politique, conjugal et maternel de l'ouvrière.

Au surmenage, à l'industrialisation, à la déchéance physique et morale de l'un, nous ajouterons encore la dépopulation suraiguë, le nombre sans cesse croissant des infanticides, l'effroyable mortalité du premier âge résultant du surmenage, de la déchéance et de l'industrialisation de l'autre.

Et nous demanderons si ceux-là qui commencent aujourd'hui à prendre conscience de leur atroce condition d'êtres condamnés à produire la richesse pour la classe parasite en même temps que la misère économique et physiologique pour eux-mêmes, — si ceux-là qui s'éveillent maintenant et frissonnent sous le souffle rude du matin révolutionnaire ne vont pas sentir au-dessous d'eux des meurtrissures plus anciennes, un esclavage plus complet et plus profond, un abaissement plus affreux dans l'exploitation et l'humiliation, et s'il n'est pas, sous leur souffrance demain terminée, une torture plus vraie encore, une misère plus intime et plus auguste, celle de l'être producteur par nature, en qui parasite la vie même de l'Espèce ?

Le terme socialisme, qui devrait caractériser la forme consciente de l'évolution de tous les individus composant l'espèce à laquelle nous appartenons, et, par conséquent, intéresse en réalité toutes les classes, a dû s'appliquer aux revendications, à la poussée d'avènement et d'émancipation de la classe infériorisée, exploitée parce qu'elle est productrice, asservie parce qu'elle est utile. Et la conduite de l'évolution sociale de l'espèce tout entière étant négligée par la classe dirigeante qui ne s'occupe que de ses propres intérêts, la question sociale est devenue la question ouvrière, et le socialisme n'est que la main mise par la classe productrice sur la vie politique de la société entière. Ceux-là seuls à qui le crime social ne profite pas peuvent en faire justice, et les intérêts de l'espèce s'identifient avec les intérêts du prolétariat.

Le parti socialiste, qui devrait se former de toute la société consciente de sa marche, se confond avec le parti de la Révolution, et cela caractérise suffisamment ce que les régimes précédents auront fait de l'évolution qu'ils devaient diriger. Le socialisme signifie l'effort d'émancipation de la partie la plus nombreuse et la plus malheureuse de la société.

De même, dans la lutte des sexes, le sexe asservi et exploité, aussi méprisé qu'utile, devra prendre en main la révolution nécessaire, sans plus compter sur l'homme pour résoudre la question sexuelle, — devenue la question des femmes, — que le prolétariat ne doit compter sur le patronat pour résoudre la question sociale, devenue la question ouvrière.

Les révolutions ne se font que par les intéressés, quand ceux-ci deviennent assez forts. Or, nulle force n'est plus réelle que la conscience de ses intérêts. Que l'immense masse ouvrière exploitée sente nettement son exploitation, aucune force au monde ne peut lui résister. Mais la révolution se fera auparavant, dès que le parti socialiste atteindra la minorité indispensable au triomphe.

Que les femmes viennent à comprendre que leur double asservissement résulte de leur double qualité de productrices et de reproductrices, et la domination masculine se dissipera d'elle-même.

Le sexualisme est donc pour le moment, c'est-à-dire jusqu'à la révolution sociale, identifié avec la question de la femme.

Néanmoins nous profiterons de la liberté

que nous donne le peu d'encombrement
des idées sur ce sujet, pour remonter un
peu plus haut et demander aux conceptions biologiques une définition plus large
et plus complète du mot et de la chose et
faire brièvement l'exposé biologique, sociologique et politique de notre doctrine.

EXPOSÉ

BIOLOGIQUE

LES FORMES DE L'ÉVOLUTION

Considérée au point de vue biologique, l'évolution humaine se présente sous trois formes. Elle est *individuelle, sociale et sexuelle*.

Il n'est pas de vie sans organisation et toute organisation est individualisée. L'ensemble des organismes dont l'individualisation affecte le même type, constitue l'espèce qui n'a pas d'identité fixe, et qui évolue et varie comme les individus dont elle est composée.

Depuis les êtres les plus élémentaires jusqu'à l'homme, l'évolution biologique n'est qu'une série ininterrompue d'adapta-

tions organiques à des types d'individualisation toujours plus développés et plus
parfaits. L'homme représente l'individualité organique la plus haute, et néanmoins
le type organique de l'homme modifie
constamment par sélection et par adaptation la formule de son individualisation.

L'individualité organique varie ainsi
dans sa signification suivant l'espèce que
l'on considère.

Le corps de l'homme est composé d'un
nombre immense de petits éléments vi-
vants, dont la cohésion et la cohérence
selon un certain type spécifique réalisent
son individualité organique d'homme, —
mais qui, en fait, sont autant de petites individualités protozoïques (unicellulaires)
groupées, ayant leur vie spécifique propre,
adaptée à celle de l'ensemble, et formant
société.

Néanmoins, dans une espèce donnée, le
terme individu a toujours le même sens
et caractérise simplement chaque repré-
sentant autonome du type spécifique. La
forme individuelle est la condition même
de la vie organique, c'est la forme fondamentale de l'évolution.

Etudier l'évolution biologique, c'est donc

étudier les variations de la formule individuelle.

*
* *

L'individu biologique le plus simple
dans la forme animale, est le protozoaire.
Soit une simple gouttelette protoplasmique. Cette masse s'accroît par la nutrition,
comment variera son individualité ?

La nutrition et les échanges s'opérant
par la surface, le développement de celle-ci
doit rester en conformité avec l'accroisse-
ment du volume, et les volumes croissant
plus vite que les surfaces, il arrive un
moment où la surface est insuffisante.
L'individu doit alors cesser de croître.

..... Ou bien se diviser, et, d'une seule
masse, en faire deux dont la surface totale
sera de beaucoup supérieure à la surface du premier individu. Par la division,
le volume total ne varie pas, tandis que
la surface totale grandit considérablement.
Cette adaptation aux nécessités de la nutrition est la première forme de la reproduction. Une individualité se dédouble
pour former deux individualités qui

bientôt seront devenues semblables à la première et se dédoubleront à leur tour.

Cette reproduction par division est dite *asexuée*.

Après un certain nombre de générations, elle semble atteindre la limite de sa faculté de reproduire des individus susceptibles de continuer la série, par une sorte d'épuisement, ou plutôt de différenciation extrême du type spécifique, par la divergence croissante des rejetons de la même souche, modifiés par l'hérédité et les adaptations successives.

Alors il se fait entre deux individualités organiques sans doute très spécialisées et différenciées, une fusion qui semble reconstituer la formule protoplasmique spécifique; et ces deux individualités se résolvent en une seule qui va reprendre à nouveau la série des reproductions par division.

Cette reconstitution du type individuel primitif est la conjugaison; et l'appropriation réciproque des deux individualités composantes à se conjuguer, est la forme fondamentale de la *sexualité*.

Dès l'origine, nous voyons ainsi la reproduction asexuée alternant avec la reproduction sexuée : la réindividualisation spécifique restaurant le type primitif susceptible de nouvelles désindividualisations.

La sexualité nous apparaît donc comme la condition absolue de la continuité dans le temps de l'évolution spécifique, et elle gardera cette signification du haut en bas de la série animale, car l'homme est le produit de la conjugaison de deux individualités protozoïques en une nouvelle individualité protozoïque également, qui donnera naissance par division à une série d'individus dont la cohérence formera l'individualité métazoïque (pluricellulaire) que nous sommes.

*
* *

Les individualités protozoïques nées par division vivent isolément en pleine autonomie individuelle et sans se grouper.

L'adaptation aux conditions du milieu, la nécessité de s'unir pour résister aux dangers communs, le parasitisme réciproque ont créé des formes symbiotiques (vie en commun) supérieures.

Certaines individualités mères, au lieu de s'éparpiller par la division complète des individualités filles et petites-filles, sont restées cohérentes et les individualités secondaires n'ont plus fourni que les éléments associés d'une individualité plus générale et de type supérieur. Cette association des descendants d'une même individualité protozoïque constitue l'individualité métazoïque. L'existence individualisée de l'ensemble ainsi créé a déterminé une adaptation des individualités composantes entre elles et par rapport à la vie de l'ensemble; elle a créé des différenciations et une distribution du travail, une organisation plus ou moins compliquée de la circulation des intérêts vitaux des membres de la colonie, qui constitue une véritable socialisation de ces petites individualités composantes.

Cette socialisation apparaît sans doute avant les premiers métazoaires, mais c'est chez ceux-ci qu'elle prend une forme réellement organique.

Cette contiguïté des individualités élémentaires a provoqué l'apparition d'une série de types organiques dont la formule de socialisation est toujours plus parfaite et plus complexe. Plus la socialisation des individualités composantes est développée, plus l'individualisation de l'individualité composée est parfaite. Les deux termes varient simultanément et semblablement. Le degré d'individualisation du type organique se mesure par le degré de socialisations de ses éléments. L'évolution sociale est donc régie par l'évolution individuelle et inversement.

Les individualités métazoïques vivent ce que vivent les individualités protozoïques éparses. Les cellules de notre corps se reproduisent en nombre immense et cependant un moment apparaît où la division ne peut plus satisfaire à l'usure physiologique et la sénescence survient, et enfin la mort de l'individu métazoïque.

Parmi les éléments de notre ensemble organique, certains sont hautement spécialisés et par différenciation appropriés à la conjugaison qui fera renaître le type protozoïque, de qui sortiront par divisions successives les petites individualités composant un nouvel individu métazoïque. La sexualité est donc la même chez le métazoaire que chez le protozoaire ; seulement,

tandis que chez l'individualité éparpillée
formée par la descendance par division du
protozoaire, les individus élémentaires
aptes à la conjugaison n'ont aucun rapport avec les autres individus de même
famille, — chez le métazoaire il en est
autrement. Les individus qui devront reconstituer le type spécifique originel, adap-
tés à la vie socialisée, se séparent de l'individualité métazoïque, se rencontrent et
se combinent, — et la nouvelle individualité protozoïque, apte maintenant à la
division, évoluera isolément, ou se greffera
sur l'une des individualités métazoïques
génératrices, généralement la femelle, pour
assurer son évolution condensée au moyen
de la vie parasitaire.

Le but même de la sexualité est donc la
reconstitution d'une individualité protozoïque susceptible de se reproduire par
division et de donner naissance soit à une
individualité protozoïque éparpillée soit à
une individualité métazoïque dont les
descendants restent cohérents et associés
dans une vie organique commune.

On voit que toute la sexualité se réduit
à des phénomènes de désindividualisations successives, neutralisant la séneс-

cence et assurant la continuité des individus dans le temps.

***

La vie de chaque individualité métazoïque se termine par la désindividualisation
de ses éléments et la mort de ceux-ci, —
comme elle a commencé par l'individualisation organique des individualités élémentaires nées par division d'un seul élément protozoïque, l'ovule fécondé. De
mère en mère, notre vie remonte sans solution de continuité, jusqu'à l'apparition
même des premières formes de la vie organisée sur la terre. Chaque existence individuelle est le résultat d'une désintégra-
tion partielle de l'individualité mère, et la
vie remonte ainsi d'individu en individu,
d'espèce en espèce, jusqu'aux premières
formes organiques.

L'individualisation organique implique
la contiguïté dans l'espace des individualités élémentaires qui constituent l'organisme. De même l'évolution individuelle

a de bonne heure cherché une meilleure adaptation dans l'association artificielle entre individus de même espèce, — réalisant une symbiose, un parasitisme réciproque plus profitable à chaque individu que les antagonismes et les dangers de l'état anarchique. La forme de l'évolution qui assure les rapports de contiguité des individus dans l'espace, l'adaptation des vies individuelles au milieu créé par l'espèce est l'évolution sociale.

Les individualités associées forment par leur ensemble non pas un groupe confus et sans organisation, mais bien une individualisation d'un type supérieur, constituant un véritable organisme social. De même que la socialisation des protozoaïres forme l'individualité métazoïque, de même la socialisation d'individus métazoïques forme une individualité collective, une collectivité.

Cette tendance des individualités plus petites à s'organiser en une individualité plus grande est la forme simple du communisme ou du socialisme, car ce groupement des individualités composantes nécessite une nouvelle orientation de leurs adaptations propres et une cohérence gé-

nérale de leurs intérêts et de leurs efforts
qui en réalise la socialisation.

*
* *

Des trois grandes formules de l'évolution consciente des intérêts humains, l'individualisme, le socialisme et le sexualisme, — la première a été longtemps
la seule pratiquée dans sa forme régressive
et étroite ; elle a dominé et domine encore
les autres de sa force immédiate et de sa
facile interprétation. C'est d'elle que se
réclament les ennemis de l'évolution, ceux
qu'effraient le socialisme et le sexualisme,
et qui ne comprennent pas que la formule
la plus élevée et la plus large du développement individuel et de l'émancipation
individualiste est donnée précisément par
la vie socialisée.

Le socialisme apparaît donc comme une
formule biologique supérieure, substituant la symbiose à la lutte individuelle
pour la vie, la synthèse à la décomposi-
tion incessante et à l'instabilité, la cohérence organique aux antagonismes parti-
cularistes, l'organisation et la circulation

des intérêts à l'anarchie économique et morale. Le socialisme règle de plus en plus exactement l'évolution des intérêts individuels en contiguité dans l'espace ; il équilibre et adapte les forces et les aptitudes humaines non seulement avec le milieu qu'elles se sont créé, mais encore et surtout il impose les besoins de l'espèce à l'activité consciente des individus.

Mais la vie de l'individu et celle de l'espèce évoluant dans le temps, il importe que la conscience humaine se préoccupe du passé, du présent et de l'avenir, en un mot du devenir de l'Evolution.

Notre vie actuelle est déterminée par l'action de notre milieu sur nous et notre action sur lui, mais elle est aussi le résultat de notre hérédité et de l'élan de vie spécifique qui entraîne la vie de chaque individu. Il est donc indispensable à l'évolution de l'espèce et à la continuité de la vie d'individu en individu que nous nous préoccupions de l'hérédité que notre vie actuelle prépare à l'espèce de demain, et de l'héritage physiologique qui nous est confié.

L'évolution des intérêts humains dans le temps fait donc à son tour naître une autre question, la question sexuelle, en exigeant la régulation des forces reproductrices de l'humanité à côté de celle de ses forces productrices.

Le sexualisme, plus encore que le socialisme, met les intérêts de l'Espèce au-dessus des intérêts des individus. « C'est de lui que dépendent les conditions de la continuité de l'espèce dans le temps, de même que le socialisme régit les intérêts individuels en contiguité dans l'espace.

L'un et l'autre sont les aspects d'un individualisme supérieur, « celui de l'espèce évoluant socialement ».

Nous avons évité toute tentative de dogmatisation qui eût peut-être simplifié cet exposé en le systématisant. Mais les données biologiques sur lesquelles nous nous appuyons ne sont pas assez répandues dans le public en général pour que notre thèse puisse se passer de la maturation qui la rendrait spontanément saisissable.

Nous préférons énoncer le plus d'idées possible sur chaque sujet, laissant au lecteur le soin d'en élaborer la synthèse. Abordons le côté le plus immédiatement accessible de la question.

INDIVIDUALISME

L'individualisme est la formule même de l'évolution organique : il est à la base et au sommet de la doctrine évolutionniste. Mais il peut être compris de différentes façons, ou plutôt on peut, dans sa compréhension, s'arrêter à des niveaux différents. Nous nous servirons d'un exemple.

L'égoïsme a merveilleusement servi les intérêts de l'individu et par conséquent ceux de l'espèce, parce qu'il était le mobile le plus puissant de la lutte pour la vie et que c'est sous forme d'égoïsme que l'intérêt vital se présente à tout être. Il est la première forme de la conscience de nos intérêts organiques, et se retrouve du reste au fond de nos conceptions économiques et morales les plus élevées.

Tant qu'on se place au point de vue strictement personnel et que l'intérêt personnel est le plus important des intérêts en jeu, l'égoïsme doit dominer ; mais il en est de moins en moins ainsi à mesure que la vie de l'espèce se recommande plus nettement aux efforts individuels et que la vie sociale limite entre eux les égoïsmes particuliers.

Ainsi, l'égoïsme devient un danger quand il sépare deux efforts individuels au lieu de les associer dans une action commune, l'égoïsme est un crime quand des intérêts supérieurs aux intérêts individuels sont en jeu. Il doit s'effacer et se taire quand les intérêts de la famille, de la nation, de la société sont menacés.

Si l'intérêt de la famille doit neutraliser les aspirations égoïstes de l'individu, il devient à son tour un danger quand il s'oppose au patriotisme. L'intérêt de la famille et celui de l'individu doivent disparaître quand la question de sécurité nationale vient à se poser. Le patriotisme est alors une vertu, quand il incarne les intérêts supérieurs de la vie nationale et qu'il s'oppose aux intérêts immédiats de l'individu et de la famille. Mais quand des intérêts internationaux, des intérêts sociaux et humains, comme la lutte des classes et des sexes, la question ouvrière, viennent à leur tour à se manifester, le patriotisme devient odieux et criminel, au même titre que l'égoïsme en temps de crise nationale.

Toute tendance à placer les intérêts des individualités sociales plus petites avant les intérêts des individualités supérieures est par cela même réactionnaire et anti-évolutionniste.

La compréhension des intérêts supérieurs d'une forme individuelle quelconque par les individualités qui la composent, constitue de la part de celle-ci une tendance communiste et socialiste. « La conscience se socialise comme l'intérêt ». Cette exaltation de la conscience individuelle jusqu'à la participation à la conscience générale s'appelle l'esprit socialiste.

L'esprit d'individualisme lui est opposé ; il tend à supprimer la contribution personnelle à la vie sociale, il pousse l'individu à n'attendre que de lui-même la satisfaction de ses besoins, à vivre par soi et pour soi, sans rien sacrifier à la vie communiste ni rien attendre d'elle. Cet antipode du socialisme est l'anarchisme.

Dans une société où domine l'anarchisme, et où les individualités doivent fournir d'elles-mêmes leurs armes dans la lutte économique pour l'existence, la force brutale prédominera, l'être supérieur sera celui qui aura le moins de charges et le plus de force individuelle ; dans une telle société, les êtres seront ainsi classés, « l'homme, *la femme et l'enfant;* l'individu passant avant l'espèce.

SOCIALISME

Le socialisme est la conscience que prend l'individualité composante de sa qualité et de son rôle de membre d'une individualité plus élevée. Faire passer les intérêts de sa famille avant les siens est une forme de socialisme, mettre les intérêts de la nation au-dessus de ceux de la famille est une forme supérieure du socialisme, placer les intérêts internationaux et humains au-dessus du patriotisme est la forme la plus élevée du socialisme.

Le socialisme est créé par la réaction des intérêts de l'ensemble sur les intérêts des parties composantes, et, pris dans ce sens, le socialisme est une forme supérieure d'individualisme.

Mais cette conception des intérêts supérieurs de l'individu est sans cesse effacée par la conscience étroite et obtuse des intérêts immédiats et inférieurs de l'individu. En même temps que le socialisme pousse les individus à s'incorporer dans les individualités plus grandes, les conceptions directement et étroitement utilitaires écartent les individus de la socialisation et les ramènent à cette autonomie d'ordre inférieur qui constitue l'anarchie.

Le fait que l'individu est incorporé à une individualisation organique supérieure, le fait qu'il est socialisé, constitue pour lui une liberté, une sphère d'activité, de besoins et de satisfactions beaucoup plus grande que dans l'état d'individu isolé et autonome.

La liberté est en raison directe de l'étendue de nos besoins et de la faculté qui nous est donnée de les satisfaire. Or, la vie sociale multiplie les besoins et les satisfactions, et la liberté des individus vivant en société serait infiniment plus grande qu'elle n'est, sans l'accaparement et l'usure capitalistes.

Cette socialisation modifie le type individuel des membres de la société organisée : chacun d'eux contribue à la vie de l'ensemble et reçoit de la circulation générale beaucoup plus qu'il ne donne ; en quoi sa liberté augmente.

La contribution quantitative individuelle diminue en raison de l'individualisation plus parfaite de l'ensemble, en même temps que les attributions se perfectionnent et se différencient davantage. D'autre part, le parasitisme de chaque individu vis-à-vis de l'ensemble augmente également en raison directe de la socialisation.

C'est par la socialisation que l'organisation individualiste a réalisé dans l'espace une adaptation sans cesse plus élevée de l'homme à son milieu économique et créé pour lui un milieu social organisé et individualisé qui permet à chaque individu la participation à une vie commune, plus large et plus féconde, plus utile et plus libre de l'ensemble.

Dans une société, où domine l'esprit socialiste, l'utilité des indidualités composantes à l'égard de l'ensemble, classe les individus ; l'être qui a le plus de charges est le premier parce que sa contribution à la vie sociale est la plus grande. Le travail le plus utile à une société est la maternité, — puis vient le travail à résultat seulement économique. Le machinisme diminue sans cesse l'importance de l'effort masculin.

Au point de vue de l'évolution sociale c'est-à-dire des intérêts de l'espèce dans l'espace et non dans le temps, les êtres seront ainsi classés : « la *femme, l'homme et l'enfant* ». — La société passe avant l'individu et l'utilité sociale orientera les valeurs individuelles.

SEXUALISME

Le sexualisme définit les conditions extérieures et intérieures de la continuité de l'espèce dans le temps. Il prépare l'hérédité de demain et place au premier rang parmi les préoccupations individuelles et sociales, l'amélioration de l'espèce, non dans son adaptation au milieu, mais dans son milieu intérieur même.

La sélection sexuelle est la forme inconsciente du sexualisme, comme la sélection sociale est la forme aveugle du socialisme. Le pivot de la société, dans la formule sexualiste, ce n'est plus ni l'homme ni la femme, c'est l'enfant, — après l'enfant vient la femme qui est l'hôte de l'espèce pendant la plus grande partie de sa vie individuelle, l'homme reste extérieur à l'évolution directe de la vie spécifique.

Il est en effet à remarquer, dans toute la série animale, que quand un sexe vient à manquer, c'est le sexe mâle. Très accessoire et momentané au point de vue sexuel, le rôle du mâle n'a grandi que par l'asservissement des intérêts de la société et de l'espèce à l'individu, et par la grande supériorité que la force brutale donne dans les temps d'adaptation difficile. Le mâle égoïste porte en lui tous ses intérêts, la femme est en outre chargée de l'espèce qu'elle crée, porte en elle, et dont la vie absorbe la sienne. Dans certaines espèces d'insectes vivant sur des arbustes, dans la belle saison, alors que la branche chargée de sucs nourrit largement la petite colonie, les œufs ne donnent que des femelles et la société entière se reproduit de femelle à femelle, en parthénogenèse indéfinie. Il n'y a pas de mâles pendant tout l'été. Si la plante souffre ou que la saison devienne plus dure, il semble que les facilités de l'existence diminuant, une distribution du travail s'impose et les petits mâles réapparaissent dans les œufs. La reproduction est alors sexuée. Mais si l'on transporte la plante en serre chaude et qu'elle se reprenne à fournir à ses parasites une alimentation abondante et facile, c'en est de nouveau fini du rôle des mâles, les œufs ne donnent plus que des femelles.

Dans ce cas, le rôle de la vie économique sur la production des sexes est très nette. Nous pourrions ajouter que l'alimentation et l'abondance intérieure des forces nutritives favorisent toujours la prédominance des naissances femelles et qu'il y a un rapport constant entre l'abondance économique et physiologique et la suprématie du sexe fécond. Inversement la misère physiologique et économique, la dureté des conditions extérieures de l'adaptation, la nécessité d'une lutte plus ardente pour l'existence appauvrissent l'espèce et favorisent la suprématie masculine.

Il en est ainsi dans notre espèce. La guerre a donné la première place à l'homme et nous lui devons cette gangrène du militarisme actuel. La chasse qui était autrefois ce qu'est le travail industriel d'aujourd'hui, a de même assuré la prédominance masculine dans la vie économique.

Et cependant l'homme se trouve maintenant dépossédé peu à peu de son rang et de sa valeur immédiate par une force nouvelle, l'esclavage dans sa forme moderne et supérieure, c'est-à-dire le machinisme, qui aurait aujourd'hui émancipé l'homme de la servitude du travail improductif et ingrat, s'il n'avait été momentanément accaparé par la classe capitaliste parasite.

Le machinisme dans la guerre et l'industrie diminue la valeur personnelle du mâle, le chasse de l'atelier où sont entrés la femme et l'enfant, en attendant l'expropriation révolutionnaire et l'appropriation collectiviste.

Le machinisme, quand il sera au service

de la société et non à celui d'une classe, sera le grand émancipateur de la femme et des intérêts profonds de l'espèce.

Dans une société où l'espèce reprendra toute son importance dans les préoccupation de l'individu, l'homme reviendra à sa véritable place, au troisième rang. Au premier sera « *l'enfant* », le germe de l'espèce en voie de création, dont l'évolution est très importante dès la conception. Toutes les forces sociales convergeront vers cette éclosion constante de l'espèce, vers cette hérédité créée consciemment avec des ressources encore inconnues de notre époque masculine. La « *femme* », créatrice et éducatrice, reprendra toute ses supériorités sociales sexuelles, et individuelles. « *L'homme* » aura pour champ d'activité les conditions extérieures de l'évolution, la vie économique sous toutes ses formes et ses spécialités.

EXPOSÉ

SOCIOLOGIQUE

VALEUR INDIVIDUELLE, SOCIALE ET SEXUELLE DE LA FEMME

C'est par la comparaison systématique entre l'homme et la femme qu'on peut le mieux apprécier la valeur individuelle de cette dernière.

Au point de vue physique, l'homme l'emporte de beaucoup par la force brutale, par la taille..., et par le poids. Néanmoins, sa résistance à la fatigue et aux privations continues est moindre. Cette supériorité de poids, de taille et de force musculaire a pour corollaire un développement des zones motrices du cerveau également plus considérable. La seule supériorité du cerveau de l'homme sur celui de la femme est d'être approprié à une plus grande dépense musculaire nécessitée par la vie masculine, par le poids et la masse de ses leviers osseux et de ses muscles.

La femme est sacrifiée, dans son développement individuel, à ses fonctions sexuelles, et ses formes, et sa force musculaire s'en ressentent. En revanche, sa résistance physiologique, exercée et multipliée par ses aptitudes à la reproduction compense largement la dépense musculaire de l'homme et en fait un être physique sans doute moins propre à la vie individuelle et autonome, mais plus utile socialement et sexuellement que lui. La gestation, la parturition, les appropriations périodiques à la vie sexuelle sont pour elle des brevets de capacité physique bien supérieurs à la massive et personnelle puissance musculaire de l'homme.

La femme étant moins lourde et moins grande que l'homme, et ayant moins de force musculaire à dépenser, doit avoir un cerveau moins lourd que lui. Cela est vrai pour le poids absolu, mais si on rapporte le poids à la taille, il se trouve que le cerveau féminin est plus lourd qu'il ne devrait et qu'il est, relativement au poids du corps, plus lourd que celui de l'homme.

Cette supériorité relative de poids ne peut se rapporter aux zones motrices du cerveau féminin ; et c'est en réalité aux régions sensorielles et intellectuelles, surtout frontales de l'écorce cérébrale que correspond la supériorité du cerveau féminin.

Ces régions à fonctions intellectuelles ne sont pas, comme chez l'homme, gênées dans leur développement par la croissance rapide des forces pariétales motrices ; et cela est particulièrement évident pour les centres du langage, de siège frontal, correspondant à une fonction infiniment plus complète et parfaite chez la femme. Les centres de la mémoire, de la spéculation intellectuelle, de l'analyse et de la pénétration psychique doivent être de beaucoup mieux développés chez la femme que chez l'homme.

Dans la lutte individuelle pour la vie, l'homme a une foule de supériorités, car il est fort et libre de son corps.

La femme, au contraire, manifeste sa force d'une façon toute passive, par sa résistance indéfinie : sa puissance *physique n'est pas individuelle, elle est maternelle*, et ne la sert pas dans la lutte individuelle pour l'existence, car elle est employée pour d'autres. Elle a vis-à-vis de l'espèce, qu'elle porte en elle, une supériorité physique énorme sur l'homme, car c'est elle qui porte et crée l'humanité. Dans une société socialiste, où les intérêts de l'espèce dans le temps et dans l'espace domineraient les concurrences anarchiques entre classes et individus, la femme serait au premier rang par sa valeur sociale, par l'immense intérêt de sa production et par la sollicitude dont toutes les forces disponibles dans une société devraient l'entourer. Dans notre société individualiste, tout est contre la femme et contre l'espèce, désarmées devant l'individualité masculine.

Et cependant, si l'on regardait dans l'avenir et même dans le présent ? Partout où la femme a pénétré, dans les carrières libérales qui lui sont à peine ouvertes, elle avance avec une prodigieuse rapidité et ira d'autant plus vite et plus loin, qu'elle s'isolera davantage des scholastiques masculines en cherchant à créer suivant sa nature et ses aptitudes féminines ; dans l'industrie où l'avidité capitaliste l'attire pour faire une terrible concurrence à l'homme, la femme prend l'un après l'autre tous les avantages que le machinisme a fait perdre à la supériorité physique de l'homme.

La production économique, la guerre, la science même sont de moins en moins des efforts individuels; le machinisme domine tout et sa première victime est précisément la supériorité motrice du cerveau masculin.

Il est certain que plus l'humanité sera heureuse, plus la femme, plus l'espèce grandiront comme valeurs sociales, plus l'homme perdra aussi de ses qualités étroitement et exclusivement individualistes, pour adopter une signification sociale, communiste, autrement large et féconde.

Dès lors, ses zones cérébrales motrices laisseront un peu se développer à leur tour les régions frontales et sensorielles, si prononcées chez la femme et les individus qui ne sont pas gênés par le développement prédominant des facultés motrices et peuvent en multiplier d'autres plus élevées.

Le type masculin se modifiera et son

cerveau, grâce au machinisme, évoluera plus librement vers l'acquisition des propriétés intellectuelles analytiques et généralisatrices, d'imagination, de sensibilité, de précision, de clarté, de vivacité et de générosité qui distinguent les cerveaux féminins.

La nécessité d'obéir pendant des siècles à la force a développé chez la femme des armes offensives et défensives d'ordre intellectuel compensant son infériorité motrice. Néanmoins, deux barrières ont toujours été placées par l'homme au devant de son émancipation, l'ignorance et la religiosité. Aujourd'hui la femme rompt ces entraves et va rapidement étendre le domaine de sa pensée et de ses facultés intellectuelles et morales. La souplesse de l'intelligence féminine fuit les systématisations outrées et la religion n'est pour la femme qu'un apaisement facile de ses aspirations vives et de ses besoins de justice et d'épanchement.

La nature de la femme, sans cesse en contact avec la vie physique, par ses multiples attributions sexuelles et sociales, par les incessants rappels de ses délicates et puissantes aptitudes physiologiques, n'eût pas trouvé les bizarres conceptions

théistes, les .ieux dogmes orientaux mal
ajustés, rapiécés de légendes locales et
reprisés de symbolismes surannés, dues à
l'esprit de militarisme évangélique, de
scholastique psychique, d'artificialisme à
outrance et par dessus tout de profond individualisme que l'homme a mis tant de
siècles à formuler. Une mère eût trouvé
autre chose et mieux. La nature eût cherché avec elle et pour elle ; la vie de l'espèce est dans la femme et la religion y eût
rencontré une formule autrement large et
féconde, générale et évolutive, si la domination masculine ne lui avait imposé son
action restrictive, stérilisante, atrophiante.
La femme avait une religion toute prête :
la maternité, l'adaptation des merveilleu-
ses facultés de son être aux besoins mo-
raux et physiques de la vie de l'espèce ; et,
si la femme occupait la place due à son sexe
dans la vie sociale, il n'y aurait plus de
religion et il n'en serait plus besoin. La vie
individualiste de l'homme, son égoïsme
naturel d'être qui se suffit pouvait seul le
conduire aux conceptions si niaisement
définies et si artificielles dont il s'est fait
lui-même sa religion et qu'il a imposées à
la femme.

La valeur individuelle de la femme grandira à mesure que les intérèts de l'espèce et de la société, préoccupant les individus, feront la place plus large à son développement.

Sa valeur sociale est plus grande encore que sa valeur individuelle, car la nature de la femme la fait vivre plus pour son milieu et pour autrui que pour elle-même. Sa valeur sexuelle accroît encore sa valeur sociale et la met dans la société immédiatement après l'espèce elle-même, c'est-à-dire l'enfant.

Nous voyons ainsi que les individus se classent différemment, non seulement au point de vue sociologique, mais au point de vue biologique, selon que telle ou telle forme de l'évolution prédomine, et que l'individu prime l'Espèce ou que celle-ci reprend toute sa valeur aux yeux de l'individu.

Les individus se classent ainsi :

Dans la formule individualiste, l'homme, la femme, l'enfant.

Dans la formule socialiste, la femme, l'homme, l'enfant.

Dans la formule sexualiste, l'enfant, la femme, l'homme.

LA QUESTION OUVRIÈRE
ET LA QUESTION DE LA FEMME

Non seulement la cause de la femme ouvrière est identique à celle de l'ouvrier, mais la cause de la femme, comme femme, se superpose exactement à la question ouvrière. Il suffit de remplacer le mot de production dans tous les théorèmes du socialisme scientifique pour montrer que la question sexuelle double la question sociale.

Il y a, en effet, pour les femmes de toute classe et de toute condition, une nécessité absolue de s'instruire dans la doctrine socialiste, aujourd'hui si précise, et de s'initier par elle à une conception plus méthodique du mouvement en avant qui les entraîne elles-mêmes, le plus généralement, à leur insu : notre journal a bien des fois montré par combien de points la cause sexualiste s'identifie avec la cause socialiste, et a cherché à faire comprendre aux femmes qu'il ne fallait pas que ce puissant courant socialiste qui charriait leurs mille intérêts de femme et de travailleuses pêle-mêle avec les revendications formulées du prolétariat, pût passer près d'elles sans les entraîner, et que les hommes fissent seuls cette révolution à laquelle les femmes sont plus intéressées qu'eux. Nous nous sommes effrayés de voir rester trop exclusivement masculin, et d'avance stérile, cet effort d'émancipation économique.

Il ne s'agit pas ici d'une révolution de classe secouant le joug d'une autre classe usée et déjà en pleine agonie; il s'agit d'inaugurer pratiquement une façon plus large de concevoir les intérêts humains, en supprimant l'usure et le servage, en émancipant la production et la reproduction.

L'exploitation de l'homme par l'homme a un corollaire, l'exploitation de la femme par l'homme, qui ne tardera pas à disparaître après elle, le jour où l'on comprendra que l'espèce a ses droits qui dominent ceux de l'individu. La révolution sociale, en émancipant la production, sera en même temps une première révolution sexuelle; car elle devra comprendre la maternité comme la première des productions.

Et c'est pourquoi nous superposons la formule sexualiste à la forme socialiste, par simple généralisation, et pour compléter le programme d'émancipation entrepris par le parti ouvrier.

Dans la formule sexualiste, dans la question sexuelle, la production est l'enfant, c'est-à-dire l'espèce continuée; le travailleur, c'est la femme. La lutte des classes qui combat l'individualisme dans sa forme de propriété individuelle, se double de la lutte des sexes qui le combat aussi dans la prédominance masculine et prépare l'avénement de la manifestation humaine la plus parfaite, la formule féminine, que l'individualisme neutralisait et à qui le socialisme ouvre la voie.

Il n'est plus guère d'ouvrier aujourd'hui qui ne sache que son travail de chaque jour vaut en moyenne le double du salaire qui l'achète au rabais, et que lorsqu'il touche son salaire de huitaine il a déjà remboursé en double par son travail le prix qu'il en reçoit. Le salariat n'est pour lui qu'un monstrueux prêt usuraire, au taux de cent et plus pour cent, avec cette particularité que le remboursement du prêt a lieu avant le prêt lui-même. L'ouvrier sait que si la quantité de travail exigé est énorme et devient chaque jour plus pénible, en revanche le salaire ne lui est jamais complètement versé, et il en reste une grande partie, sous forme de retenues et d'amendes, aux mains du prêteur. Il voit encore que la concurrence entre affamés, l'ignorance, la misère, le Code et les coups de fusils le livrent pieds et poings liés à son exploiteur. Il a vu que ce qu'on appelait jadis la « contrainte par corps » a pris aujourd'hui le nom plus républicain de « liberté du travail » et que les recors, payés autrefois par l'usurier créancier, sont remplacés avantageusement de nos jours par l'armée nationale, formée de la classe même qu'elle est chargée de maintenir dans le devoir, à ses propres frais.

L'ouvrier sait qu'il est d'autant plus méprisé qu'il est plus exploité, et que son travail est plus pénible et moins rétribué; il sait aujourd'hui que par le « libre contrat » entre le travail et le capital, consenti par la misère et la contrainte morale, il perd non seulement la liberté de sa production, non seulement la propriété de ce qu'il produit, mais qu'il est forcé de produire, de produire trop et de produire pour d'autres. Il est ainsi l'artisan de sa misère croissante, de sa dégradation, de sa faiblesse et de la puissance atrophiante de l'argent. Comme terminaison, quand il s'est épuisé dans le travail, il est achevé par le chomage.

Dans cette classe de travailleurs, s'en trouve une autre qui ne peut lui faire concurrence et trouver à vivre individuellement à son tour, dans des conditions plus pénibles encore, qu'au prix de privations plus grandes et de salaires moindres, c'est la classe des ouvrières. L'industrialisation de la femme qui a été un des agents de la misère croissante de l'ouvrier et la source de bénéfices inouïs pour le capitalisme, s'est traduite pour l'espèce par une dépopulation aiguë des milieux capitalistes.

Mais, ce n'est pas seulement comme producteur qu'elle est plus exploitée que l'homme auquel elle fait concurrence, c'est comme productrice d'humanité, comme femme; non pas dans ses rapports de travailleuse avec le capital, mais dans ses contacts avec le masculinisme qui déforme et stérilise l'évolution humaine depuis des siècles. Elle non plus, de par le code, n'a aucun droit sur son produit, elle n'a que des charges et des responsabilités. Son produit, l'enfant, la rend d'autant plus méprisée et exploitée que c'est là du travail non payé et auquel elle ne peut se soustraire sans crime légal.

Dans la production économique, le capital a la paternité légitime et la jouissance du produit du travail ; il en est quitte avec le travailleur quand il ne paie que la moitié du travail qu'il s'approprie. L'homme a la paternité légitime et tous les droits sur l'enfant pour qui il n'a rien fait. Bien plus, le produit n'est légitime que s'il porte le nom d'un homme et que si l'ouvrière a elle-même perdu le sien.

La supériorité individualiste de l'homme, toute de force physique et de valeur sociale soigneusement fixée par le code qu'il a fait lui-même, lui vient de ce qu'il n'a pas, comme la femme, l'Espèce à porter. La femme est avant tout destinée à produire l'humanité à venir et il n'y a pas de denrée moins appréciée de nos jours ; bien plus, c'est un produit qui embarrasse toujours son auteur, le déshonore généralement et le tue parfois. La femme produit l'espèce ; sa faiblesse vient de ce qu'elle est parasitée, par l'Espèce, qui naît d'elle et se développe en elle ; mais aussi sa grande supériorité physique et morale lui vient de son rôle biologique de créatrice d'une espèce en progrès continu.

Anatomiquement et physiologiquement, le type organique féminin est bien plus éloigné de l'animalité que le type masculin. L'homme a tous les droits parce qu'il fait le code; il a tous les mérites parce qu'il est seul à en parler. Et il ne peut en être autrement dans une société fondée sur l'anarchie individualiste où l'Espèce n'est rien, la société peu de chose, et où l'individu ne grandit que par la lutte contre les autres individus, contre la société et contre l'Espèce elle-même.

La femme qui remplit la fonction sociale la plus noble et la plus utile, est, dans la société, la personne qui donne le plus d'elle-même; et, après l'enfant, c'est-à-dire l'espèce de demain, elle est l'être qui a le plus de besoins et pour qui la société ne donne rien et retient tout. La femme ne doit compter que sur elle-même, ne doit vivre que par elle-même sinon pour elle-même. Elle, l'être social par excellence, qui devrait être servie par tous comme elle est utile à tous, elle doit, pour vivre, pour être, s'individualiser. S'individualiser, c'est adopter la formule

individualiste par excellence, le type masculin. Elle n'a rien à attendre de la société, faite pour l'homme seul ; elle ne peut
que se faire homme à son tour, pour
y trouver place. Pour cela, elle supprime
sa fonction sexuelle. elle devient stérile
comme l'homme, elle ne doit pas se marier, ou se marier quand elle peut se suf-
fire à elle-même, par sa dot ou par son
travail. Elle supprime ou altère ses belles
facultés cérébrales féminines pour apprendre l'art masculin et les sciences
masculines ; elle immobilise toutes les
ressources de son originalité psychique
pour se mouler dans la formule virile ;
sa beauté, si elle en a. n'est rien : il faut
une dot ou un titre qui en tienne lieu, un
capital qui rapporte ou une profession
lucrative.

La forme masculine, qui enserre toute
la production humaine actuelle, est une
déformation que doit subir la femme qui
veut s'émanciper. La femme doit se faire
homme, répétons-le, pour s'adapter aux
moules masculins, d'où sortent depuis
tant de siècles les mêmes formules étroi-

tes et stériles des professions libérales.
La femme ne se fait homme que parce
que la vie sociale, basée sur l'individualisme, et, par conséquent, favorable au
masculinisme, ne permet d'existence indé-
pendante qu'à l'homme, et, devenue homme pour vivre, elle doit être, toujours
comme l'homme, complètement indiffé-
rente à la reproduction de l'espèce, elle
ne doit, pas plus que lui, faire d'enfant.
Elle doit perdre ses caractères féminins,
si supérieurs et si évolutifs, et n'apporter,
dans la production tant industrielle que
libérale, que des efforts par avance stériles et impuissants. Elle ne s'émancipe
qu'en cessant d'être elle-même. La femme, créée avant tout pour l'espèce et
pour la vie sociale, ne reçoit de la société
rien qui puisse, de loin, équivaloir à ce
qu'elle lui apporte; le salarié n'est frus-
tré que de la moitié du prix de son travail, la femme est frustrée de tout, de
son produit et d'elle-même. Qui peut se
dire plus « prolétaire » que la femme,
dans tous les sens du mot ?

La stérilité est la première conséquence de la vie individualiste de la femme, telle que l'impose la formule économique masculine. Dans les professions à travail collectif, la femme est industrialisée, et par conséquent moins individualisée que dans les professions dites libérales. Les ouvrières sont, par conséquent, aussi moins stériles que les femmes d'étude. L'individualisation est moins prononcée parce que le travail impose sa formule au travailleur et que l'atelier nivelle les valeurs personnelles.

C'est aussi dans ces professions que la femme prend le moins le type masculin et se déforme le moins; les déformations professionnelles y sont communes avec les hommes; dans les professions libérales, la femme qui veut vivre par elle-même est déformée par le milieu masculin où elle pénètre; dans les professions industrielles, elle n'a affaire qu'au machinisme.

L'émancipation de la femme, en période d'individualisme et de vie masculine, ne peut se faire qu'au prix de la dépopulation suraiguë des milieux où elle est imposée, et d'une déformation profonde de la personnalité féminine, neutralisée et viciée.

Les femmes salariées, industrialisées, syndiquées, semblent parfois ne pas comprendre, avec justesse ni justice, le rôle ingrat que jouent les émancipées individualistes, les femmes médecins et juristes, artistes ou fonctionnaires, et ne tiennent pas assez compte de la différence des professions dont les unes nécessitent l'effort isolé, les autres l'effort collectif; les unes faisant des bourgeoises, les autres des socialistes. Les femmes médecins et avocats sont des bourgeoises, sans doute, comme les hommes médecins et avocats sont des bourgeois ; elles ne peuvent pourtant pas travailler dans les ateliers de médecine ou de droit. La profession les individualise, elles restent ou deviennent bourgoises. Il n'y a guère de mérite à devenir socialiste là où la production est collective et l'effort associé. La femme artisan a persisté dans un certain nombre de professions salariées, qui deviendront cependant collectives et municipales avec le temps et le progrès. Nous n'y sommes pas encore. La femme qui se crée individuellement sa place dans le milieu bourgeois, sacrifie beaucoup de ses caractères sexuels, de ses particularités de femme; mais, attendez que ces bourgeoises soient en nombre suffisant pour manifester une signification collective, et les caractères féminins reparaîtront aussitôt.

Il est bien évident que l'émancipation des femmes ne sera faite que par les femmes elles-mêmes, comme on l'a dit avec raison, des travailleurs. Nous n'attendons pas autre chose. Ce qu'il importe aux socialistes de comprendre et de faire comprendre, c'est que la révolution sociale, qui établira les bases de la révolution sexuelle, si peu entrevue aujourd'hui par les réactionnaires et par les socialistes eux-mêmes, — doit être faite avec les femmes, non seulement comme ouvrières, mais surtout comme femmes et comme mères. C'est une question biologique, sans la solution de laquelle aucun progrès de notre espèce n'est plus guère possible.

Quel être plus que la femme est immédiatement intéressé à l'avénement de la formule socialiste ? Autant l'individualisme qui nous régit encore était opposé au libre développement de cet organisme si délicat et si puissant à la fois, dont l'utilité sociale est si grande, dont le rôle est si important au point de vue de l'espèce, mais dont les besoins, tant pour elle que pour l'enfant, exigent, non pas sa dépendance absolue, comme cela est, mais la protection et la sollicitude continues et entières de toute la société, autant le socialisme qui fait, de chaque individu, un organe en même temps qu'un hôte de la société, donnera volontiers à la femme, comme productrice d'humanité, la place considérable qu'elle mérite. Toutes les revendications des travailleurs, la femme peut les reprendre pour elle-même, très amplifiées et décelant une souffrance, plus profonde, une exploitation plus ancienne. La femme, consciente de ses besoins, doit fatalement être socialiste.

Vis-à-vis du sexualisme, l'émancipation de la femme aura la même signification que l'émancipation des producteurs dans le socialisme. Il est naturel que ce soient les travailleurs qui deviennent socialistes : ils y sont plus directement intéressés que les autres classes de la société, bien qu'une société saine n'eût pas dû attendre que la misère enseignât la vérité aux classes les moins éclairées.

Il est également naturel que la question sexuelle soit pour longtemps la question des femmes, et pour des raisons identiques. Notre société est si peu consciente que les classes dirigeantes, celles qui affectent d'être la partie consciente de la société civilisée, ne se décident à comprendre les besoins sociaux que lorsqu'ils se présentent sous forme de dangers pour elles-mêmes.

EXPOSÉ

POLITIQUE

TACTIQUE

Elle est simple, comme notre doctrine, pour qui connaît le programme du parti ouvrier qui est le nôtre.

Il suffit d'appliquer, au parti sexualiste à former, la plupart des formules adoptées par le parti socialiste.

— « Prise de possession des instruments de production par la collectivité » — Tel est le but actuel du Socialisme révolutionnaire. — « Prise de possession du pouvoir politique par le prolétariat » — Tel est le moyen, telle est la révolution.

Les socialistes ont, pour le moment,

une fâcheuse tendance à ne voir le rôle producteur de la femme que dans son état d'ouvrière, et à faire abstraction de son rôle social, infiniment plus important, de productrice de l'humanité elle-même. L'ouvrière appartient à la fois à la classe productrice et au sexe reproducteur ; et, comme telle, elle est doublement intéressée à l'émancipation de toute production, tant économique que physiologique, et à la révolution, tant socialiste que sexualiste.

Comme ouvrière, elle doit, dans le parti socialiste, travailler à la prise de possession des instruments de production ; comme femme, elle doit, dans le parti sexualiste, travailler à prendre possession d'elle-même, car, dans la production de l'Espèce, dans la continuité de la vie transmise, elle est, elle-même, instrument de production.

Et c'est ici, précisément, que nos amis socialistes comprendront que, si la formule sexualiste renferme la formule socialiste et la domine par sa haute généralité, la formule socialiste ne répond pas tout à fait à la révolution sexuelle que nous préparons. Les écoles socialistes inférieures ont demandé que la collectivité prît possession des instruments de production, et elles ont, avec une sereine ingénuité, compris les femmes parmi les instruments de production à mettre en commun. La question sexuelle semble toute résolue de cette façon; mais nous pensons qu'il y aurait mieux à faire, et qu'il se trouve une catégorie de ces instruments à laquelle on ne peut décemment refuser tout droit à une certaine autonomie individuelle.

Le genre de production tout à fait spécial qui caractérise l'organisme féminin, sans préjudice de son rôle de production dans le domaine économique, doit assurer à la femme une place à part dans une société vraiment socialiste. Cette place, la révolution socialiste peut seulement la lui donner, nous ne nous arrêterons pas à le démontrer une fois de plus. Ce que le socialisme doit faire pour la femme, c'est l'émanciper comme « producteur »; quant à son émancipation comme femme, comme reproductrice, c'est le sexualisme que cela regarde; et, de même que l'émancipation des travailleurs se fait par les travailleurs, l'émancipation des femmes se fera par les femmes.

Le socialisme doit résoudre tout d'abord la lutte des classes, qui est la forme actuelle de la question sociale. Qui a posé cette question qui intéresse toutes les classes, sinon la classe qui en souffre le plus, le Prolétariat ?

De même, le sexualisme doit résoudre tout d'abord la lutte des sexes, qui est la forme actuelle de la question sexuelle. Qui, cette fois encore, posera cette question qui intéresse les deux sexes, sinon le sexe qui en souffre le plus, le sexe féminin ?

La lutte des classes, la lutte des sexes une fois terminées, le socialisme et le sexualisme se poseront alors dans leur formule biologique franche et générale, non plus pour détruire des antagonismes, mais pour organiser la progression consciente de l'espèce dans l'espace et dans le temps.

Et le moyen ? Nous prenons le bon, c'est-à-dire « la main mise sur le pouvoir politique ».

Le prolétariat n'avait pas de signification politique tant qu'il n'avait été, par le machinisme et l'évolution même de l'exploitation capitaliste, forcé de s'organiser en parti de classe. Quand il a fait masse, le suffrage universel, si décrié pourtant, est devenu un levier révolutionnaire dont nous admirons partout la puissance. La conquête des pouvoirs politiques est commencée et se continuera, malgré quelques cahots faciles à prévoir.

Le parti sexualiste n'existe pas; il va se faire de lui-même et nous en parlons dès maintenant parce qu'il est formé en puissance et qu'il faudra bientôt qu'on le reconnaisse au signalement que nous en donnons par avance. Il n'aura pas besoin des fatalités économiques et industrielles pour unir ses adeptes en parti de sexe : le sexe même suffira. Quand il aura fait masse, le suffrage universel masculin, deviendra encore plus universel, et la conquête révolutionnaire des pouvoirs publics inquiétera les cerveaux masculins d'alors comme elle inquiète les cervelles réactionnaires d'aujourd'hui.

Nous emboîtons le pas à la révolution sociale et à l'immense poussée ouvrière ; et, même avant de naitre, le parti sexualiste triomphe dans toutes les victoires du prolétariat. Il puise sa formule économique dans les progrès de l'émancipation des salariés et se haussera sur la révolution sociale pour parfaire la révolution sexuelle.

PROGRAMME

DU

PARTI OUVRIER

Elaboré en conformité des décisions du Congrès national tenu à Marseille du 20 au 31 octobre 1879, adopté au Congrès régional de la Fédération du Centre tenu à Paris du 18 au 25 juillet 1880, confirmé par le Congrès national tenu au Havre du 16 au 22 novembre 1880, ratifié par le Congrès régional de la Fédération du Nord tenu à Roubaix en octobre 1881, maintenu en vigueur par le Congrès national tenu à Reims du 30 octobre au 6 novembre 1881, et complété par le Congrès national tenu à Roanne du 26 septembre au 1er octobre 1892.

Considérant,

Que l'émancipation de la classe productive est celle de tous les êtres humains sans distinction de sexe ni de race ;

Que les producteurs ne sauraient être libres qu'autant qu'ils seront en possession des moyens de production (terres, usines, navires, banques, crédits, etc.) ;

Qu'il n'y a que deux formes sous lesquelles les moyens de production peuvent leur appartenir :

1º La forme individuelle qui n'a jamais existé à l'état de fait général et qui est éliminée de plus en plus par le progrès industriel ;

2º La forme collective dont les éléments matériels et intellectuels sont constitués par le développement même de la société capitaliste ;

CONSIDÉRANT,

Que cette appropriation collective ne peut sortir que de l'action révolutionnaire de la classe productive — ou prolétariat — organisée en parti politique distinct ;

Qu'une pareille organisation doit être poursuivie par tous les moyens dont dispose le prolétariat, y compris le suffrage universel transformé ainsi d'instrument de duperie qu'il a été jusqu'ici en instrument d'émancipation ;

Les travailleurs socialistes français, en donnant pour but à leurs efforts l'expropriation politique et économique de la classe capitaliste et le retour à la collectivité de tous les moyens de production, ont décidé, comme moyens d'organisation et de lutte, d'entrer dans les élections avec les revendications immédiates suivantes :

A. — **Partie politique**

1º Abolition de toutes les lois sur la presse, les réunions et les associations et surtout de la loi contre l'Association internationale des Travailleurs. — Suppression du livret, cette mise en carte de la classe ouvrière, et de tous les articles du Code établissant l'infériorité de l'ouvrier vis-à-vis du patron « et l'infériorité de la femme vis-à-vis de l'homme ; »

2º Suppression du budget des cultes et retour à la nation « des biens dits de main-morte, meubles et immeubles, appartenant aux corporations religieuses » (décret de

la Commune du 2 avril 1871), y compris
toutes les annexes industrielles et com-
merciales de ces corporations ;

3° Suppression de la Dette publique ;

4° Abolition des armées permanentes et
armement général du peuple ;

5° La Commune maîtresse de son administration et de sa police.

B. — **Partie économique**

1. Repos d'un jour par semaine ou interdiction légale pour les employeurs de
faire travailler plus de six jours sur sept.
— Réduction légale de la journée de travail à huit heures pour les adultes. — Interdiction du travail des enfants dans les
ateliers privés au-dessous de quatorze
ans ; et, de quatorze à dix-huit ans, réduction de la journée de travail à six heures ;

2. Surveillance protectrice des apprentis
par les corporations ouvrières ;

3. Minimum légal des salaires, déterminé, chaque année, d'après le prix local
des denrées, par une commission de sta-
tistique ouvrière ;

4. Interdiction légale aux patrons d'employer les ouvriers étrangers à un salaire inférieur à celui des ouvriers français;

5. *Egalité de salaire à travail égal pour les travailleurs des deux sexes;*

6. Instruction scientifique et professionnelle de tous les enfants mis pour leur entretien à la charge de la société, représentée par l'Etat et par la commune;

7. Mise à la charge de la société des vieillards et des invalides du travail;

8. Suppression de toute immixtion des employeurs dans l'administration des caisses ouvrières de secours mutuels, de prévoyance, etc., restituées à la gestion exclusive des ouvriers;

9. Responsabilité des patrons en matière d'accidents, garantie par un cautionnement versé par l'employeur dans les caisses ouvrières, et proportionné au nombre des ouvriers employés et aux dangers que présente l'industrie;

10. Intervention des ouvriers dans les réglements spéciaux des divers ateliers; suppression du droit usurpé par les patrons de frapper d'une pénalité quelconque leurs ouvriers sous forme d'amendes

ou de retenues sur les salaires (décret de la Commune du 27 avril 1871);

11. — Annulation de tous les contrats ayant aliéné la propriété publique (banques, chemins de fer, mines, etc.), et l'exploitation de tous les ateliers de l'Etat confiée aux ouvriers qui y travaillent;

12. Abolition de tous les impôts indirects et transformation de tous les impôts directs en un impôt progressif sur les revenus dépassant 3,000 francs. — Suppression de l'héritage en ligne collatérale et de tout héritage en ligne directe dépassant 20,000 francs.

CAHIER

DES

DOLÉANCES FÉMININES

Rédigé conformément à la décision prise au Congrès international féministe tenu, les 12, 13 et 14 mai 1892, à la Mairie de Saint-Sulpice (VI⁰ Arrondissement).

Voté à l'unanimité par la Fédération française des Sociétés féministes, en son Assemblée générale tenue, le 26 mars 1893, à la Mairie d'Anjou (VIII⁰ Arrondissement).

CONSIDÉRATIONS GÉNÉRALES

L'unité, dans la famille, dans la nation, dans l'humanité, peut seule assurer le bonheur et le développement.

L'unité ne peut se faire si une moitié des membres de la famille, de la nation et de l'humanité, est exceptée des avantages dont l'autre bénéficie ou si elle est seule-infériorisée sur quelques points.

Or, la femme, à notre époque et dans notre pays, n'occupe pas la place due à sa qualité d'être humain : elle est inférioisée par le code et, le plus souvent, sacrifiée dans la famille et dans la société.

En témoignent sa servitude économique et domestique, ainsi que les articles du code qui la concernent.

Le dix-huitième siècle a proclamé les droits de l'homme, laissant la femme en dehors de son œuvre libératrice ; le dix-neuvième siècle doit proclamer le droit humain, sans distinction de sexe.

L'unité doit être dans la loi si on veut la retrouver dans la famille, dans la nation, dans l'humanité.

———

Le droit primordial est *le droit à la vie* : la femme génitrice a ce droit, autant et plus que l'homme.

Le droit humain comprend également :

Le droit *à la vie économique*, c'est-à-dire à toutes les fonctions, services, carrières dont les hommes seuls bénéficient jusqu'à ce jour;

Le droit à *l'hygiène* et à *l'éducation*, c'est-à-dire *au développement moral, intellectuel et physique* ou développement intégral de l'être;

Le droit à *la vie civile*, c'est-à-dire à la possession et à l'exercice des droits individuels égaux à ceux de l'homme;

Le droit à *la vie civique*, c'est-à-dire aux moyens de remplir, concurremment avec l'homme, tous les devoirs sociaux et politiques;

Le droit à la vie et à la protection pour *l'enfance* et pour la *vieillesse*.

Le Droit à la vie

LA FÉDÉRATION CONSIDÉRANT :

Que l'individu, homme ou femme, a un minimum de besoins qu'il lui faut satisfaire, sous peine de compromettre sa propre existence. et par suite, celle de l'espèce :

Que, pour satisfaire à ce minimum de besoins, un minimum de salaire importe ;

Qu'il est avéré que ce minimum de salaire est refusé à la plupart des femmes qui n'ont d'autre ressource, pour compenser leur salaire insuffisant, que la prostitution :

RÉCLAME :

1° L'accès aux femmes de toutes les professions, carrières, métiers pour lesquels elles justifieront des capacités nécessaires ;

2° Un minimum de salaire suffisant à assurer l'existence ;

3° Le salaire égal à capacités égales pour les deux sexes dans tous les métiers, services, professions, carrières où ils seront employés.

Le Droit à la vie économique

LA FÉDÉRATION CONSIDÉRANT :

Que la dignité de la femme a pour sauvegarde le travail ;

Qu'un être humain n'a pas le droit de limiter le champ d'action d'un autre être humain ;

Que certaines fonctions — celles par exemple qui exigent plus particulièrement du tact et du dévouement, tels les emplois de visiteurs, enquêteurs de l'Assistance publique, les fonctions d'éducatrice de l'enfance, etc., incombent plus naturellement à la femme ;

DEMANDE :

Que toutes les fonctions publiques et tous les services administratifs soient accessibles aux femmes comme aux hommes, cette latitude pouvant et devant créer entre les spécialités une sélection profitable aux intérêts sociaux.

Le Droit
au développement intégral

LA FÉDÉRATION CONSIDÉRANT :

Que l'individu, homme ou femme, a droit au développement intégral de son être physique, intellectuel et moral ;

Que ce développement importe au double point de vue de l'individu et de l'espèce : tant vaut l'homme, tant peut l'homme.

Que l'expérience a prouvé que l'éducation donnée en commun aux deux sexes et par des éducateurs des deux sexes, ne présente pas les inconvénients qu'on avait appréhendés ; qu'elle est, au contraire, un puissant stimulant pour le développement des intelligences, le progrès des études et de la moralisation ; qu'elle est le meilleur moyen de mettre l'éducation des femmes en harmonie avec celle des hommes — et réciproquement — et par là de constituer l'unité dans la famille ;

DEMANDE :

1° Que toutes les écoles nationales, départementales et communales soient ouvertes aux femmes comme aux hommes, ainsi que les diverses facultés des sciences et des lettres ;

2° Que les femmes soient admises à tous les concours et à tous les examens aux mêmes titres que les hommes ;

3° Que les écoles de tous les degrés soient organisées de manière à pouvoir être ouvertes aux élèves des deux sexes et dirigées par les deux sexes.

Le Droit à la vie civile

La Fédération considérant :

Que la femme est un être humain comme l'homme, qu'elle a, vis-à-vis de la société et surtout vis-à-vis de l'espèce, des charges et une utilité plus grandes que lui, que la société n'a, par conséquent, ni droit ni intérêt à mettre la dignité de l'un à plus haut prix que la dignité de l'autre, non plus qu'à avantager l'un au détriment de l'autre ;

Considérant que les conditions de la vie économique actuelle forcent les individus, hommes et femmes, à chercher *individuellement* leurs moyens d'existence, substituant les efforts antagonistes aux forces de la coopération, — la femme se trouvant de plus en plus avoir à demander au travail individuel les ressources que la vie de foyer ne peut lui assurer, et à faire à l'homme une concurrence d'autant plus meurtrière qu'elle s'exerce sur un terrain créé par lui et pour lui, et que notre organisation économique ne garantit pas à la femme les mêmes droits au travail qu'à l'homme;

Considérant que ses fonctions de reproductrice sont limitées et compromises par sa vie sociale de producteur, et qu'elle ne peut assurer son existence individuelle qu'au détriment de sa vie sociale et sexuelle;

DEMANDE :

L'abolition de tous les articles du Code qui établissent l'infériorité de la femme vis-à-vis de l'homme

Le Droit à la vie civique.

LA FÉDÉRATION CONSIDÉRANT :

Que les intérêts de la femme et de l'homme, au point de vue social comme au point de vue individuel, doivent être solidaires et non antagonistes comme ils le sont actuellement ;

Que les charges sociales, pour la femme, sont égales sinon supérieures à celles de l'homme ;

Qu'il est dans l'esprit social moderne de confier les intérêts de la sécurité et du développement de la nation à l'université des individus rendus conscients de leurs devoirs et compétents en matière civique par l'exercice de la responsabilité ;

Demande :

Que la femme soit appelée, au même titre que l'homme, à participer au gouvernement du pays.

Le Droit à la vie et à la protection pour l'enfance et pour la vieillesse.

La Fédération considérant, d'une part :

Que l'enfant a droit à la santé, à l'éducation intégrale, au développement libre et complet de son être ;

Que l'intérêt de tous est que ces droits de l'enfant soient respectés ;

DEMANDE :

Que l'enfant, depuis sa conception jusqu'à l'âge de seize ans, soit protégé par la tutelle sociale contre les misères physiques et intellectuelles et contre l'arbitraire familial, pédagogique, administratif et patronal.

LA FÉDÉRATION CONSIDÉRANT, D'AUTRE PART :

Que la femme, comme l'homme, qui aura, par son travail, non seulement pourvu à son existence, mais à celle de ses semblables, doit être assurée dans sa vieillesse d'une contribution réciproque de la part de la Société ;

DEMANDE :

L'assistance sociale pour les invalides du travail : hommes, femmes et enfants.

TABLE DES MATIÈRES

	Pages
PRÉFACE	5
SOCIALISME ET SEXUALISME	15
Exposé biologique	23
Exposé sociologique	47
Exposé politique	71
PROGRAMME DU PARTI OUVRIER	77
CAHIER DES DOLÉANCES FÉMININES	83

Paris. — Typ. A.-M. Beaudelot, 16, de Verneuil. — 2932.

9 782013 458214